Tessloffs erstes Buch der Insekten und Spinnen

Claire Llewellyn

Tessloff Verlag

Inhalt

4 Klein, aber oho!

12 Fleißige Flieger

Autorin: Claire Llewellyn
Berater: Michael Chinery
Redakteurin: Camilla Hallinan
Leitende Redakteurin: Sue Nicholson
Illustratoren: Chris Forsey, Andrea Ricciardi di Gaudesi, David Wright
Art Editor: Christina Fraser
Art Director und Covergestaltung: Terry Woodley
Gestaltung der Reihe: Ben White
Produktion: Kelly Johnson
Übersetzung: Lioba Schafnitzl

Titel der Originalausgabe:
My Best Book of Creepy Crawlies
Published by arrancement with
Kingfisher Publications Plc

Copyright © Kingfisher
Publications Plc 1998

Copyright © 2003
Tessloff Verlag, Nürnberg

Alle Rechte vorbehalten.
Kein Teil dieses Werkes darf ohne schriftliche Einwilligung des Verlages in irgendeiner Form (durch Fotokopie, Mikrofilm oder ein anderes Verfahren) reproduziert oder unter Verwendung elektronischer Systeme verarbeitet, vervielfältigt oder verbreitet werden.

ISBN 3-7886-0919-2

22 Prächtige Schmetterling

6 Arten-
reichtum

8 Die spinnen,
die Spinnen!

10 Listige
Achtbeiner

14 Die
Honigbiene

16 Ameisen
ruhen nie!

18 Krabbel-
käfer

26 Artisten
der Lüfte

30 Die Nacht
erwacht

32 Glossar
33 Register

Klein, aber oho!

Kannst du dir vorstellen, winzig klein zu sein? Es gibt unzählige Lebewesen, die nicht größer sind als dein Fingernagel. Für sie ist das Gras so riesig wie ein Wald und eine Blume so groß wie ein Baum. Klein zu sein mag beängstigend klingen, es hat dennoch viele Vorteile. Winzige Krabbeltiere können sich überall verstecken – unter einem Blatt, in einer Nussschale oder sogar im dichten Fell eines Tieres. Dort sind sie sicher vor den scharfen Augen von Vögeln, Fröschen und anderen Feinden.

Schlupfwinkel

Insekten leben überall um uns herum. Trotzdem bemerken wir sie meist gar nicht. Suche da nach ihnen, wo sie sich gern verstecken – unter einem Stein, in einem Blumentopf oder in einem Mauerspalt.

Artenreichtum

Fliegen

Millionen verschiedenster Insekten und Spinnen leben überall auf der Welt. Es gibt tatsächlich so viele Arten, dass die Wissenschaftler sie in Gruppen eingeteilt haben. Jede Gruppe umfasst Tiere mit ähnlichem Körperbau.

Insekten
Alle Lebewesen auf dieser Seite – Käfer, Bienen, Schmetterlinge, Fliegen, Ameisen und Wanzen – sind Insekten. Sie sind die artenreichste Tiergruppe auf unserer Erde.

Wie viele wirbellose Tiere haben Insekten und Spinnen eine harte äußere Körperhülle, die Außenskelett heißt. Sie schützt die Weichteile des Tieres wie eine Ritterrüstung.

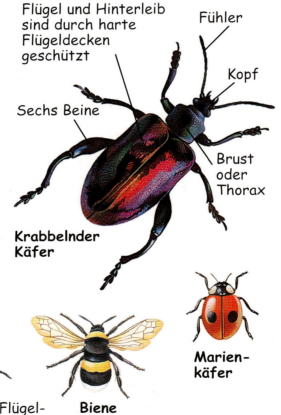

Flügel und Hinterleib sind durch harte Flügeldecken geschützt

Fühler

Kopf

Sechs Beine

Brust oder Thorax

Krabbelnder Käfer

Schmetterling

Wanzen

Wanzen sind auffällige Insekten mit langen, schnabelförmigen Mundwerkzeugen

Fliegender Käfer

Biene

Marienkäfer

Flügeldecken

Hinterleib oder Abdomen

Flügel

Ameisen

Insekten können sehr unterschiedlich aussehen, sie haben jedoch alle drei Beinpaare und drei Körperabschnitte – den Kopf, die Brust und den Hinterleib. Viele Insekten haben zudem Flügel und meist lange Fühler, die so genannten Antennen.

Spinnen

Der Körper einer Spinne ist zweigeteilt – Kopf und Brust bilden den vorderen Teil, der vom Hinterleib abgesetzt ist. Spinnen krabbeln auf vier Beinpaaren und haben damit eines mehr als Insekten.

Skorpione, Milben und Zecken sind eng mit den Spinnen verwandt. Skorpione haben zwei Körperabschnitte, Milben und Zecken nur einen. Wie die Spinnen besitzen sie je vier Beinpaare.

Weitere Wirbellose

Du wirst in diesem Buch auch noch andere wirbellose Tiere entdecken. Sie leben an den gleichen Orten wie Spinnen und Insekten. Hundertfüßer und Tausendfüßer haben lange, sich schlängelnde Körper, die aus einzelnen Körperringen aufgebaut sind. Hundertfüßer verfügen über ein Beinpaar pro Ring, Tausendfüßer über je zwei.

Gehäuseschnecken und Nacktschnecken haben keine Beine. Sie bewegen sich kriechend auf ihren weichen Bäuchen fort. Gehäuseschnecken können sich in eine harte Schale zurückziehen, Nacktschnecken brauchen kein Haus. Regenwürmer haben lange, weiche Körper mit winzigen Borsten. Sie besitzen weder ein Skelett noch einen schützenden Panzer. Ihr Lebensraum ist das lockere, feuchte Erdreich.

Die spinnen, die Spinnen!

Spinnen sind außergewöhnliche Geschöpfe. Sie können einen Spinnfaden ausscheiden, der fester ist als eine gleich dicke Stahlfaser. Daraus weben sie wunderschöne, feine Netze. Da viele Spinnen nicht gut sehen können, brauchen sie die klebrigen Fallen, um Beute zu fangen. Verfängt sich ein Insekt im Netz, spürt das die Spinne sofort durch ihre empfindlichen Beinhaare. Sie eilt herbei, um das Tier zu töten.

Webspinne
- Der Spinnfaden tritt durch winzige Röhren, die Spinndrüsen, aus
- Feine Härchen an den Beinen
- Kräftige Kauwerkzeuge
- Die Taster nehmen Beutetiere wahr und halten sie fest

Baldachinspinne
Die Baldachinspinne webt ein flaches Netz mit wirr darüber gespannten Fäden. Kleine Insekten flattern in die Fäden und purzeln dann in das Netz.

Kescherspinne
Die Kescherspinne hängt kopfüber nach unten. Sie hält ihr Spinngewebe zwischen den Vorderbeinen und schleudert es wie ein Fangnetz über die Beute.

Wasserspinne
Die Wasserspinne lebt in einer Taucherglocke unter Wasser. Rudern kleine Tierchen vorbei, springt die Spinne hervor und zerrt sie in ihre Luftblase.

Zappelt ein Insekt in ihrem Netz, spritzt die Spinne Gift in das Tier und wickelt es fest in Spinnfaden ein. Das Gift tötet und verflüssigt das Insekt, das die Spinne schließlich aufsaugt.

Ein Spinnennetz entsteht

Viele Spinnen weben jeden Tag ein neues Spinnennetz.

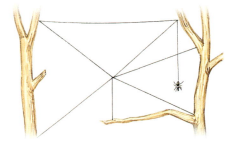
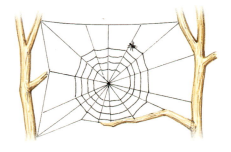

Radnetzspinnen weben runde Spiralnetze. Nach einer Stunde ist das Netz fertig.

Listige Achtbeiner

Jagdspinnen lauern ihren Opfern auf. Sie verfolgen sie und springen sie an. Ein Spinnennetz brauchen sie dabei nicht. Scharfe Augen und kräftige Beine helfen ihnen bei der Jagd. Ihre Klauen können kräftig zupacken. Einige Spinnen graben damit Höhlen in den Boden und warten dort auf Beute.

Wanderspinne
Die Wanderspinne hat kein festes Zuhause. Sie ist ständig unterwegs auf der Suche nach einer schmackhaften Kakerlake oder Raupe.

Kurze, kräftige Beine

Tödliche Kieferklauen

Jagd-spinne

Taster spüren die Beute auf und halten sie fest

Der Deckel lässt sich durch eine Türangel aus Spinnfäden öffnen und schließen

Zweiter Tunnel als Fluchtweg

Tagsüber ruht die Spinne

Überreste der letzten Mahlzeit

Die Höhle einer Falltürspinne

Falltürspinne
Eine Falltürspinne gräbt mit ihren Kieferklauen Röhren in die Erde. Sie kleidet sie mit Spinnfäden aus, setzt einen Deckel obenauf und tarnt den Eingang mit Zweigen und Gras. Der Deckel hält Feinde und Regen fern.

Springspinne

Scharfsichtig pirscht sie sich wie eine Katze an ihre Beute heran. Blitzschnell springt sie ihr Opfer zum Giftbiss an.

▶ Bei Sonnenuntergang öffnet die Falltürspinne den Deckel ihrer Höhle und wartet. Sobald ein Opfer vorbeikommt, springt die Spinne heraus. Sie zieht das durch Gift gelähmte Tier zum Fressen in die Höhle.

Speispinne

Die Speispinne macht Insekten mit klebrigem Speichel, der aus ihren Giftklauen schießt, bewegungsunfähig.

Lassospinne

Sie schwingt einen klebrigen Spinnfaden wie ein Lasso und überwältigt so ihre Beute.

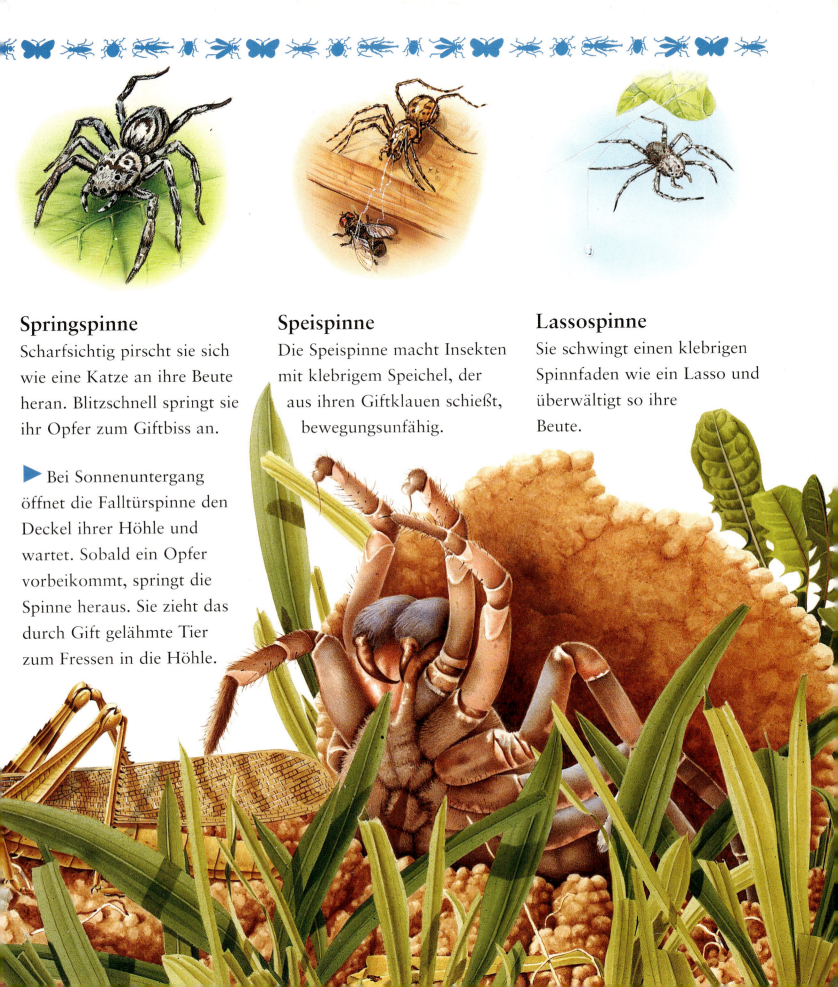

Fleißige Flieger

Honigbienen sind den ganzen Sommer über fleißig. Sie fliegen von Blüte zu Blüte und ernähren sich vom süßen Nektar. Es gibt viele verschiedene Bienenarten. Die meisten leben allein in einer Höhle oder einem hohlen Stamm. Honigbienen dagegen leben mit Tausenden von Artgenossen in einem Bienenstaat zusammen. In strenger Arbeitsteilung bauen sie einen Bienenstock, suchen Nahrung, bekämpfen Feinde und kümmern sich um den Nachwuchs.

Das Bienennest

Honigbienen bauen ihre Nester in Felslöchern oder hohlen Baumstämmen. Dabei scheiden sie Wachs aus, das sie zu langen Platten, den Honigwaben, formen. Bienenstöcke sind nahezu unverwüstlich. Sie können über 50 Jahre alt werden.

Wespe

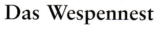
Biene

Grellgelbe Streifen warnen vor dem Stachel

Wespennest
Eingang

Das Wespennest

Auch Wespen können in Staaten zusammenleben. Jedes Jahr bauen sie ein neues Nest aus hauchdünnem Papier, das sie selbst herstellen. Dafür zerkauen sie winzige Holzspäne und vermischen sie mit ihrem Speichel. Das Nest hat einen kleinen Eingang, der immer bewacht ist. Im Inneren ist die Brut gut geschützt.

Die Honigbiene

Ei

Junglarve

Entwickelte Larve

Puppe

Arbeiterin

Drohne

Königin

▶ 1 In einem Bienenstock gibt es vor allem weibliche Tiere, die Arbeiterinnen. Es gibt nur wenige Männchen. Man nennt sie Drohnen. Nur eine einzige Biene ist die Königin.

▶ 2 Solange die Königin jung ist, paart sie sich mit den Drohnen. Bald danach beginnt sie, Tausende von Eiern zu legen. Jedes Ei kommt in eine eigene kleine Zelle in der Honigwabe.

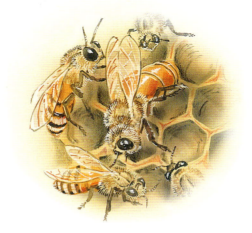

▶ 3 Innerhalb von drei Tagen entwickeln sich die Eier zu sich windenden Maden, den so genannten Larven. Arbeiterbienen füttern die Larven mit Nektar und Blütenstaub.

◀ 4 Nach wenigen Tagen sind die Larven voll entwickelt. Die Arbeiterinnen versiegeln die Zellen mit Wachs. Jede Larve verpuppt sich und schlüpft dann als Biene.

▲ 5 Sind die jungen Bienen geschlüpft, nehmen sie sofort ihre Arbeit auf. Sie reinigen den Bienenstock, füttern die Königin und kümmern sich um die nachfolgende Brut.

▲ 6 Wenn sie älter werden, beginnen die jungen Bienen Wachs auszuscheiden. Daraus formen sie neue Waben, um darin Nahrungsvorräte für den Winter aufzubewahren.

▲ 7 Während der Sommermonate verlassen die Arbeiterbienen den Stock, um Nahrung zu sammeln. Mit ihren langen Saugrüsseln nehmen sie den süßen Nektar der Blüten auf.

▲ 8 Pollen nennt man den gelblichen Blütenstaub. Während sie Nahrung aufsaugt, streift die Biene den Pollen an ihren Hinterbeinen ab. So trägt sie ihn zurück zum Bienenstock.

▲ 9 Der Nektar wird im Magen der Biene in Honig umgewandelt und in den Zellen aufbewahrt. Auch der Pollen wird dort schichtweise gelagert.

▲ 10 Findet eine Biene eine neue Nahrungsquelle, kehrt sie zum Stock zurück und führt einen besonderen Tanz auf. So gibt sie den anderen Bienen zu verstehen, wohin sie fliegen müssen.

▲ 11 Wird es im Bienenstock zu voll, gründet die alte Königin mit einem Schwarm Arbeiterbienen einen neuen Staat. Eine Larve wächst im alten Stock zu einer neuen Königin heran.

▲ 12 Honigbienen überwintern im Bienenstock. Dort leben sie von ihren Honigvorräten. Im Frühling schwärmen sie auf der Suche nach neuem Nektar wieder aus.

Ameisen ruhen nie!

Ameisen bauen ihre Nester im Schutz großer Steine oder Pflanzen. Jedes Nest birgt Hunderte von Tieren. Nur die Ameisenkönigin legt Eier. Daneben gibt es Männchen und vor allem Arbeiterinnen. Deren Aufgabe besteht im Füttern der Larven und im Sammeln von Nahrung. Ameisen fressen alle Arten von Tieren und Pflanzen. Finden sie Futter, markieren sie den Weg mit einer starken Duftnote. Die anderen Ameisen folgen sofort.

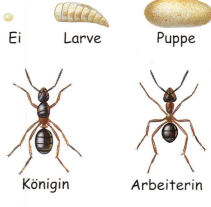

Ei   Larve   Puppe

Königin   Arbeiterin

Die Ameisenkönigin

Eine Ameisenkönigin besitzt anfangs noch Flügel. Sie reißt sie sich aus, nachdem sie sich beim Hochzeitsflug mit einem Männchen gepaart hat. Ihr restliches Leben lang legt sie Hunderte von Eiern.

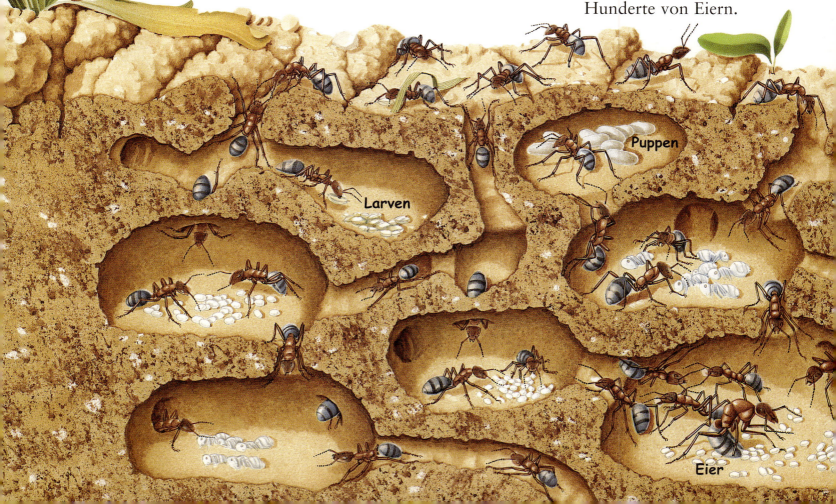

Puppen

Larven

Eier

Im Ameisenhügel

Einige Räume im Ameisenhügel werden als Kinderstuben für die Eier, Larven und Puppen genutzt. In anderen sind Abfälle oder Nahrungsvorräte gelagert. Die Arbeiterinnen sind stets beschäftigt. Sie kümmern sich um die Ameisenkönigin und die Brut. Andere bewachen den Nesteingang, wehren Eindringlinge ab oder suchen nach neuen Nahrungsquellen. Ameisen verständigen sich durch gegenseitiges Klopfen mit den Fühlern.

Weberameisen

Weberameisen errichten ihre Nester gemeinsam. Einige Ameisen halten Blätter aneinander, andere vernähen die Blattränder mit einem klebrigen Seidenfaden, den ihre Larven herstellen.

Honigtopfameisen

Sie benutzen einige ihrer Arbeiterinnen als lebende Gefäße. In der Zeit der Blumenblüte füllen die Ameisen sie mit Nektar. Ist die Nahrung knapp, werden sie „gemolken".

Krabbelkäfer

Käfer in allen nur möglichen Formen, Farben und Größen krabbeln auf der Suche nach Nahrung emsig über den Waldboden. Einige knabbern an Blättern herum. Andere gehen auf die Jagd. Sie fressen andere Tiere oder deren Überreste. Käfer sind zwar sehr klein, aber trotzdem wichtig. Wenn sie fressen und durch das Laub krabbeln, durchmischen sie das Erdreich mit den Resten toter Tiere und Pflanzen. So kommen Nährstoffe in den Boden, die Pflanzen wachsen lassen.

Kieferzangen

Hirschkäfer

Mächtige Kiefer
Viele Käfer verfügen über mächtige Kieferzangen, um ihre Beute zu packen und zu zerteilen. Dieser Hirschkäfer ist ein Männchen. Seine gewaltigen Zangen erinnern an ein Geweih. Er benutzt sie zum Kampf gegen andere Männchen.

18

Kunterbunte Käfer

Käfer stellen die größte Tiergruppe der Welt. Es gibt über 300 000 verschiedene Käferarten.

Die meisten Käfer besitzen ein festes Außenskelett, das ihnen Schutz vor Feinden bietet. Einige sind zudem mit kräftigen Kieferzangen oder spitzen Stacheln bewaffnet.

Viele Käfer haben eine auffällige Zeichnung auf dem Rücken. Das soll Feinden zeigen, dass sie nicht bekömmlich sind. Wenige sind wirklich giftig. Einige sind gestreift wie Wespen. Damit halten sie sich erfolgreich ihre Feinde vom Leib, obwohl sie gar nicht stechen können.

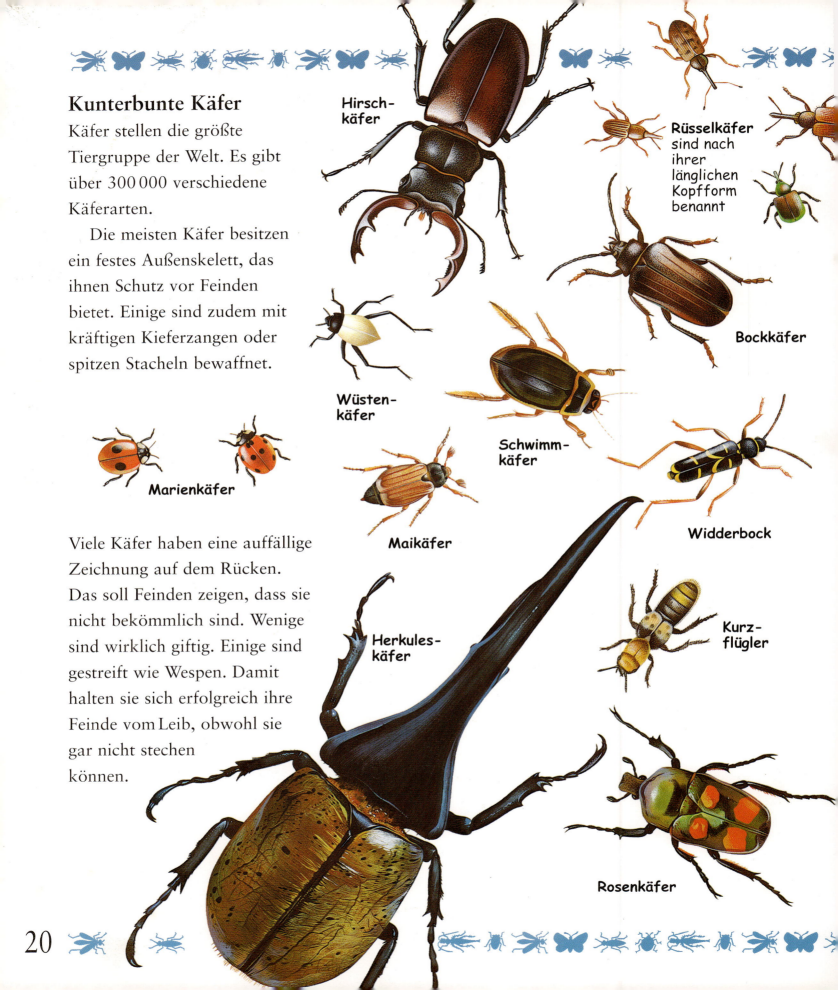

Hirschkäfer

Rüsselkäfer sind nach ihrer länglichen Kopfform benannt

Bockkäfer

Wüstenkäfer

Schwimmkäfer

Marienkäfer

Maikäfer

Widderbock

Herkuleskäfer

Kurzflügler

Rosenkäfer

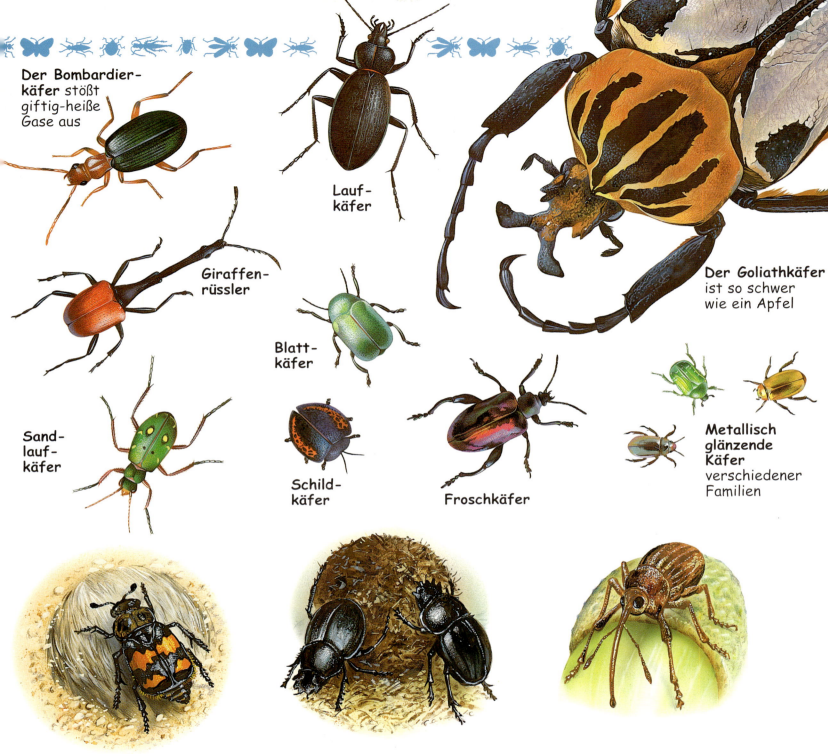

Der Bombardierkäfer stößt giftig-heiße Gase aus

Laufkäfer

Giraffenrüssler

Blattkäfer

Der Goliathkäfer ist so schwer wie ein Apfel

Sandlaufkäfer

Schildkäfer

Froschkäfer

Metallisch glänzende Käfer verschiedener Familien

Aaskäfer

Aaskäfer vergraben tote Tiere und legen dort ihre Eier ab. Die winzigen Maden haben somit reichlich Nahrung.

Mistkäfer

Mistkäfer verstauen ihre Eier in selbst geformten Kotkugeln großer Tiere, die sie in der Erde vergraben.

Haselnussbohrer

Sie durchlöchern Nussschalen, um ihre Eier im Inneren abzulegen. Die Maden fressen sich dann an der Nuss satt.

21

Prächtige Schmetterlinge

Herrlich schillernde Schmetterlinge flattern durch die tropischen Wälder. Viele Schmetterlinge sind tagaktiv. Mit ihren langen, gerollten Saugrüsseln ernähren sie sich vom Nektar der Blumen. Nachtfalter sieht man erst nach Sonnenuntergang. Tagsüber ruhen sie an Baumstämmen oder Ästen. Ihre unscheinbaren braunen Flügel sehen oft wie gesprenkelte Rinde aus und dienen den Nachtfaltern als Tarnung.

Schwefelweißling
Keulenförmige Antennen
Zierlicher Körper

Gefiederte Antennen
Dicker Körper

Kastanienbohrer

Tag- oder Nachtfalter?
Tagfalter sind meist bunter als nachtaktive Falter. Ihre Körper sind zierlicher und die Fühler vorne keulenartig verdickt. Die Antennen der Nachtschmetterlinge sind gefiedert.

Vom Ei zum Falter

Ein Admiral legt Eier auf einem Blatt ab

Aus dem Ei schlüpft eine Raupe

Die Raupe verwandelt sich in eine Puppe

Der geschlüpfte Schmetterling trocknet seine Flügel

Schmetterlinge unterliegen in ihrer Entwicklung großen Veränderungen. Man nennt dies Metamorphose.

Heute kennen wir etwa 150 000 Schmetterlingsarten. Es gibt sie und ihre Raupen in allen denkbaren Farben und Größen.

Der Atlasspinner ist tellergroß. Der Nordamerikanische Pygmäenbläuling wird dagegen nur so breit wie dein Daumen.

Uraniafalter

Mondspinner

Apollofalter

Nordamerikanischer Pygmäenbläuling

Kleiner Kohlweißling mit Raupe

Vogelflügler mit Raupe

24

Farbenfrohe Flügel

Schmetterlingsflügel sind mit winzigen Schuppen bedeckt, die im Sonnenlicht schillern. Manche dieser Flügel sind vielfarbig gemustert, andere zeigen kräftige Zeichnungen oder große Augenflecken. Öffnet ein Schmetterling die Flügel, verwirrt das seine Feinde und er gewinnt Zeit, um zu fliehen.

Artisten der Lüfte

Das Leben am Teich ist nicht so friedlich, wie es auf den ersten Blick scheint. Riesige Großlibellen sausen auf der Suche nach Fliegen brummend vorbei. Zierliche Kleinlibellen blinken im Sonnenlicht wie Edelsteine. Andere Jäger leben unter Wasser – bereit, sich auf alles zu stürzen, was sich bewegt.

Vom Ei zur Libelle

Aus dem Ei einer Libelle entwickelt sich unter Wasser ein gefräßiges Wesen, das man Nymphe nennt. Nach ein oder zwei Jahren verlässt die Nymphe den Teich. Sie krabbelt aus dem Wasser heraus an einer Pflanze empor. Ihre Haut platzt auf und eine junge Libelle schlüpft. Nicht jedes Kleinlebewesen geht an Land. Wasserskorpione und Wasserspinnen verbringen ihr ganzes Leben unter Wasser.

Auf Futtersuche

🔹1 Eine Libellennymphe lauert gut getarnt durch ihre lehmige Farbe am Boden des Teichs. Eine Kaulquappe paddelt vorbei.

🔹2 Schnell spreizt die Nymphe ein Paar scharfe, hakenförmige Kieferzangen und packt die Beute.

🔹3 Die tödlichen Kieferzangen gleiten zum Maul der Nymphe zurück. Der Fang wird verspeist.

▶ Die Libelle ist ein kunstfertiger Flieger. Sie besitzt zwei Flügelpaare, die sich unabhängig voneinander bewegen. Damit kann die Libelle die Geschwindigkeit bestimmen, sich drehen oder über der Wasseroberfläche schweben.

Die hakenförmigen Kieferzangen sind unter dem Kopf versteckt

Kräftige Kauwerkzeuge

Riesige Augen erspähen die Beute

Zwei hauchdünne Flügelpaare

Libellennymphe

Ausgewachsene Großlibelle

28

Nymphe einer Kleinlibelle

Ausgewachsene Kleinlibelle

Leben am Wasser

Jedes Tier braucht Sauerstoff zum Atmen. Einige Teichbewohner nehmen den Sauerstoff aus dem Wasser, andere aus der Luft.

▲ Wie Großlibellen legen Kleinlibellen und Köcherfliegen ihre Eier in Teichen ab. Aus dem Ei der Kleinlibelle entwickelt sich eine Nymphe. Aus dem Ei einer Köcherfliege dagegen schlüpft eine so genannte Larve.

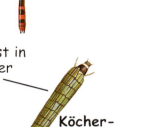
Die Larve ist in einem Köcher verborgen, den sie mit Pflanzenteilen und Steinchen tarnt — **Köcherfliegenlarve**

Ausgewachsene Köcherfliege

Die Nymphe einer Kleinlibelle hat drei fächerförmige Kiemen am Hinterleib, die Sauerstoff aus dem Wasser aufnehmen.

Der Wasserskorpion treibt an der Wasseroberfläche. Dort nimmt er die Luft über ein Röhrchen am Hinterleib auf.

Ein Schwimmkäfer liest Luftblasen auf und lagert sie unter seinen Flügeln.

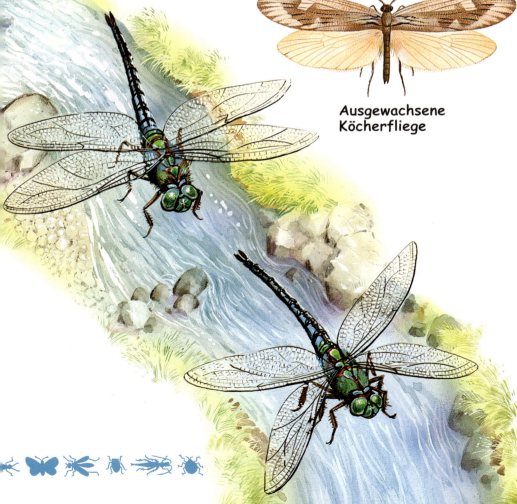

29

Die Nacht erwacht

Warst du schon einmal in einer Sommernacht im Freien?
Da hörst du die Grillen zirpen und die Mücken summen. Winzige Glühwürmchen leuchten in der Dunkelheit auf. Durch diese Zeichen verständigen sie sich untereinander.

Unzählige Insekten und Spinnen sind gerade nachts unterwegs, denn die Luft ist kühl und viele ihrer Feinde schlafen. Die winzigen Tiere jagen, fressen und paaren sich in der Dunkelheit. Bei Sonnenaufgang verstecken sie sich. Dann erwachen Bienen, Schmetterlinge und andere sonnenliebende Tiere in der Wärme und im Licht des Tages.

Glossar

Abdomen oder Hinterleib Der hintere Körperabschnitt. Bei Insekten und Spinnen liegen im Innern das Herz, die Verdauungs- und Fortpflanzungsorgane.

Antennen Ein Paar Fühler auf dem Kopf, mit denen das Tier Düfte und Luftschwingungen erkennt.

Außenskelett Die harte äußere Körperhülle bei den meisten Insekten und Spinnen.

Drohne Eine männliche Biene, deren einzige Aufgabe es ist, sich mit der Bienenkönigin zu paaren.

Insekt Ein Tier mit drei Körperabschnitten und drei gegliederten Beinpaaren.

Kieferklauen Der zangenartige Teil des Spinnenkiefers, den die Spinne in das Opfer einführt, um Gift einzuspritzen.

Kiemen Der Körperteil eines Tieres, mit dem es unter Wasser atmen kann. Die Kiemen nehmen den im Wasser gelösten Sauerstoff auf. Libellennymphen, Krabben und Kaulquappen haben Kiemen.

Larve Die frühe Entwicklungsphase eines Insekts, nachdem es aus dem Ei geschlüpft ist. Die Larve – und später die Puppe – unterscheidet sich im Aussehen stark vom ausgewachsenen Tier.

Made Andere Bezeichnung für die wurmartige Insektenlarve.

Metamorphose Die Entwicklung vom Frühstadium eines Insekts bis zum erwachsenen Tier, zum Beispiel von der Raupe zum Schmetterling.

Nektar Der süße, zuckerhaltige Saft der Blüte, der Insekten und andere Kleinlebewesen anlockt. Bienen machen aus Nektar Honig.

Nymphe Die frühe Entwicklungsphase eines Insekts wie der Libelle oder Heuschrecke. Eine Nymphe verwandelt sich – ohne Puppenstadium – langsam in ein ausgewachsenes Tier und unterscheidet sich davon kaum im Aussehen.

Pollen oder Blütenstaub Gelblicher Puder im Blüteninneren. Insekten oder der Wind übertragen den Pollen auf andere Blüten und ermöglichen damit die Bestäubung und das Heranwachsen von Früchten und Samen.

Puppe Die Entwicklungsstufe eines Insekts zwischen der Larve und dem ausgewachsenen Tier. Bei Schmetterlingen heißt die Puppe auch Chrysalis.

Sauerstoff Ein Gas, das die meisten Lebewesen zum Atmen brauchen. Sauerstoff findet sich in der Luft, aber auch im Wasser.

Staat Eine große Anzahl von Tieren, wie etwa Bienen oder Ameisen, die zusammenleben.

Tarnung Die Färbung und Zeichnung eines Tieres, die ihm helfen, sich an die Umgebung anzupassen und sich vor Feinden zu schützen.

Taster oder Palpen Ein zweites Paar Gliedmaßen in der Nähe der Kieferklauen einer Spinne, die Nahrung abtasten und schmecken können.

Thorax oder Brust Der mittlere Teil des dreigeteilten Insektenkörpers, zwischen Kopf und Hinterleib. Mit der Brust sind Flügel und Beine des Insekts verwachsen.

Wanze Eine Insektenart mit Stechrüsseln zum Aufbohren und Aussaugen von Pflanzen und Tieren.

Register

A
Aaskäfer 21
Abdomen 6, 7, 32
„88" 25
Admiral 24, 25
Ameise 6, 16–17
Antennen 6, 17, 22, 32
Apollofalter 24
Arbeiterin 14, 15, 16, 17
Atlasspinner 24, 25
Aurorafalter 25
Außenskelett 6, 20, 32

B
Baldachinspinne 8
Biene 6, 12–15, 30
Bläuling 25
Blattkäfer 21
Bockkäfer 20
Bombardierkäfer 21

C
C-Falter 25

D
Drohne 14

E
Ei 14, 16, 17, 21, 24, 26
Eulenmotte 25

F
Falltürspinne 10–11
Fliege 6
Flügel 6, 22, 25, 28
Froschkäfer 21

G
Gift 9, 11, 20, 21
Giraffenrüssler 21
Glühwürmchen 30
Goliathkäfer 21
Großlibelle 26, 28

H
Haselnussbohrer 21
Herkuleskäfer 20
Hirschkäfer 18, 20

Höhle 10, 11
Honig 15
Honigtopfameise 17
Hornissenschwärmer 25
Hunderfüßer 7

I
Insekten 4, 6

J
Jagen 8, 10–11, 18, 26, 28
Jagdspinne 10

K
Käfer 6, 18–21
Kastanienbohrer 22
Kescherspinne 8
Kieferzangen 10, 18, 20, 28
Kiemen 29
Kleinlibelle 26, 29
Köcherfliege 29
Kohlweißling 24
Königin 14, 15, 16, 17
Kurzflügler 20

L
Larve 14, 16, 17, 29, 32
Lassospinne 11
Laufkäfer 21
Libelle 26-29

M
Made 14, 21, 32
Maikäfer 20
Marienkäfer 6, 20
Metamorphose 24, 27, 32
Milbe 7
Mistkäfer 21
Mondspinner 24

N
Nektar 12, 14, 15, 22, 32
Nordamerikanischer Pygmäenbläuling 24
Nymphe 27, 28, 32

P
Pollen 15, 32
Puppe 14, 16, 17, 24, 32

R
Radnetzspinne 9
Raupe 10, 24, 25
Regenwurm 7
Rosenkäfer 20
Rüsselkäfer 20

S
Sandlaufkäfer 21
Sauerstoff 29, 32
Saugrüssel 22
Schildkäfer 21
Schmetterlinge 6, 22–25, 30
Schnecke 7
Schwalbenschwanz 25
Schwammspinner 25
Schwimmkäfer 20, 29
Skorpion 7
Smaragdspanner 25
Speispinne 11
Spinnen 7–11
Springspinne 11
Staat 12, 32

T
Tarnung 10, 22, 29, 22, 32
Taster 7, 8, 32
Tausendfüßer 7
Thorax 6, 32

U
Uraniafalter 24

V
Vogelflügler 24

W
Wabe 12, 14
Wachs 12, 14, 15
Wanderspinne 10
Wanze 6, 32
Wasserskorpion 27, 29
Wasserspinne 8, 27
Weberameise 17
Webspinne 8
Weißling 22
Wespe 12
Widderbock 20
Wüstenkäfer 20

Z
Zecke 7

33

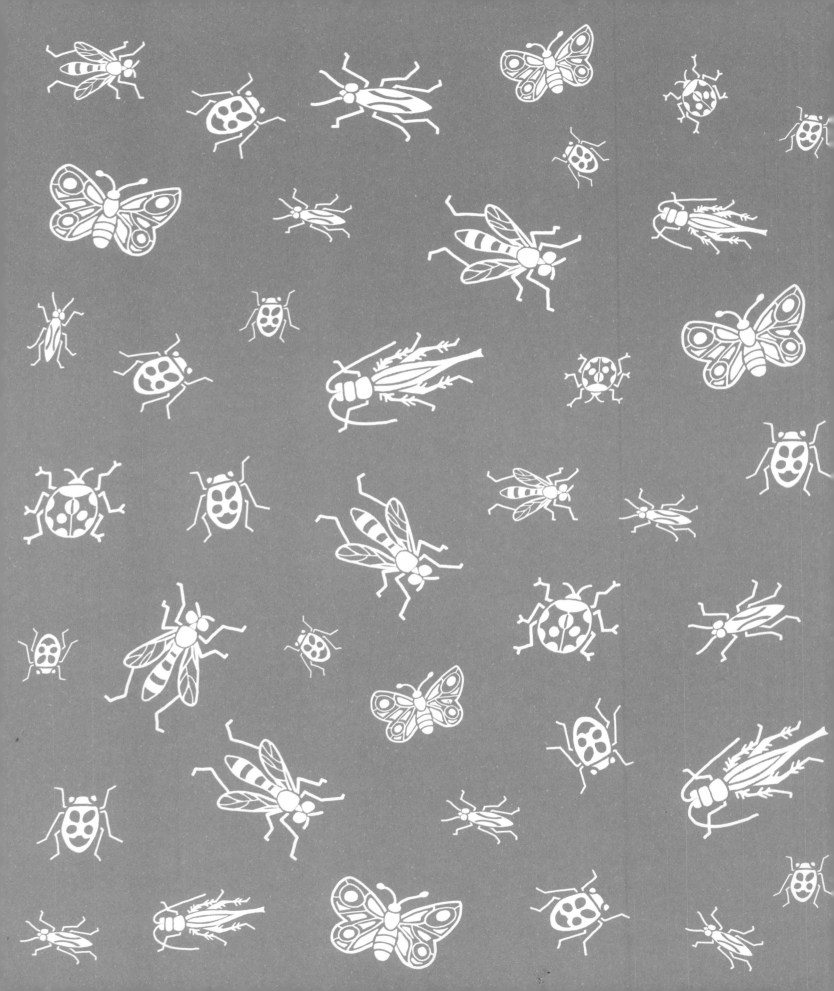